（明）趙士楨 撰

神器譜

國家圖書館出版社

據上海圖書館藏明萬曆
二十六年刻本影印原書高
三十二厘米寬二十點二厘米

序言

趙士楨（一五五三—一六一一？），字常吉，號後湖，樂清（今屬浙江）人。祖父趙性魯，以善書受知明世宗，授鴻臚寺序班，進大理寺副。士楨亦善書，其書法『骨騰肉飛，聲施當世』。所書詩扇爲宦官帶入内廷，受明神宗賞識。明萬曆六年（一五七八）以布衣召入，授鴻臚寺主簿，二十四年升中書舍人。

士楨自幼『生長海濱，少經倭患』，『徧詢胡宗憲、戚繼光二臣部曲，俱稱倭之長技在銃，鋒刃未交，心膽已怯』，於是『一意講求神器，欲期邊吏禦敵』。萬曆二十四年，游擊將軍陳寅進京，向士楨展示西洋番鳥銃；二十五年，通過武舉人把臣、把仲認識嚕密管理神器官朵思麻，見到并試射了嚕密銃，認爲其較『倭銃更便』，『其遠與毒加倭銃數倍』，向朵思麻學習製放之法。士楨鳩工製造，二十六年進獻朝廷，請求擴大製造，以收防倭制虜之效。後又歷經艱

辛，甚至不惜自解私囊，先後研製迅雷銃等火器與戰車十多種。李約瑟《中國科學技術史》對趙士楨的軍事技術研究給予高度評價，王重民曾爲其作傳。

《神器譜》是趙士楨關於各種火器特點的研究與製作、使用的著作，他認爲『此器用是國家萬世之利』，『惟得器可致兵强，兵强斯望國富，國富庶百姓得獲休養』。他再三强調『用兵尚變，制器求宜』，堅持『因時』而創新的觀

點，『因而窮竭心力，矢志咨諏，頗得經國節用要領，敬將所製車銃繪圖著説恭進御前』，該書對明末清初的火器發展産生了重要的影響。

《神器譜》今存版本多種，其中明刻本三種。一爲明萬曆二十六年初刻本，趙士楨手書上版，臺灣圖書館藏，一册。版框高二三〇毫米，廣一七三毫米，四周單邊，白口，單魚尾，半葉九行，行十八字。卷首王延世序、《恭進神器譜疏》，正文包括《原銃》《神器雜説三十一條》

等。

二爲明萬曆二十六年至三十年間增補本，亦趙士楨手書上版，上海圖書館藏，三册。版框三册不同。第一册正文版框高二二五毫米，廣一六八毫米，第二、三册正文版框高二三一毫米，廣一七五毫米。是書含《神器譜》《續神器譜》《防虜車銃議》《銃圖有引》《倭情屯田議》《中國朝鮮日本形勢圖略有引》《續神器譜雜説》《神器譜或問》等。

臺灣藏初刻本與上圖藏增補本第一册相比，差异在《神器雜説》部分，臺圖本計三十一條，上圖本三十五條，主要通過修版完成增補。

三爲明萬曆間增補重刻五卷本，日本内閣文庫藏，三册。版框高二二五毫米，廣一六八毫米，四周單邊，白口，單魚尾，半葉九行，行十八字。此本與臺圖本、上圖本相比，是在初刻本、增補本基礎上進行了重編和增補、修改，主要包括修版、重刻、補刻三种情況。修版的情

等。

二爲明萬曆二十六年至三十年間增補本，亦趙士楨手書上版。上海圖書館藏。三册。版框三册不同。第一册正文版框高二三五毫米，廣一六八毫米。第二、三册正文版框高二三一毫米。廣一七五毫米。是書含《神器譜》《續神器譜》《防虜車銃議》《銃圖》（有引）《倭情屯田議》《中國朝鮮日本形勢圖略》（有引）《續神器譜雜説》《神器譜或問》等。

臺灣藏初刻本與上圖藏增補本第一册相比，差异在《神器雜説》部分，臺圖本計三十一條。上圖本三十五條，主要通過修版完成增補。

三爲明萬曆間增補重刻五卷本，日本内閣文庫藏。三册。版框高二二五毫米，廣一六八毫米。四周單邊，白口，單魚尾。半葉九行，行十八字。此本與臺圖本、上圖本相比，是在初刻本、增補本某葉上進行了重新和增補、修改，主要包括修版、重刻、補刻三种情况。修版的情況，如上圖本萬曆二十六年《恭進神器疏》文末爲：『萬曆二十六年五月初二日上。初四日奉聖旨：圖器着進覽。這所奏該部看了來説。』内閣本將文字及欄綫刻去，以小字改爲『五月初二日上，初四日奉旨，未經題覆』。

重刻的情況有三種。一是因爲統一字體而重刻書版。如卷一第一至八葉，内容上并無增加，衹是换了一種版刻字體，由趙體行書風格變爲趙體楷書風格。二是因更换銃圖内容而重刻，如内閣本卷二『倒銃藥圖』『放掣電銃圖』『放迅雷銃圖』，較上圖本多有改動和增補。三是因文字有較多改動而重刻。如内閣本卷四《説銃》第一至五葉、第十三至十五葉、第二十葉等九葉，因條目的重新編排打亂了原有順序，衹能重刻。

内閣本也增加了較多新的内容，有六十餘葉爲補刻，如卷一第十四至十六葉增補『聖旨八道』，卷二第二十七至二十九葉增補《原銃下》

等。日本文化五年（一八〇八），清水正德翻刻《神器譜》五卷本，認爲是書『詳備明暢，他兵書所未窺，實火攻要典，武门必讀之書也』，然將『趙士楨』誤作『趙士禎』。

二〇一二年，臺北世界書局以臺圖本爲底本影入《玄覽堂叢書》；二〇一八年，湖南科學技術出版社以北京大學圖書館藏初刻本爲底本，由鄭誠整理點校，配補缺葉，收入《中國科技典籍選刊》第三輯《明清稀見兵書四種》。

上海圖書館藏本有『右史趙士楨氏圖書印』『士楨』『臣士楨』『東嘉趙士楨印』『秘書郎』等鈐印，曾爲趙士楨所藏，其文獻價值較其他諸本爲高。此次以上圖本爲底本作仿真影印，『下真迹一等』，以再現其原貌，必將有助於相關研究的進一步拓展。

《温州大典》編輯部

二〇二四年九月

目録

目錄

附録：日本内閣文庫藏明萬曆間增補重刻五卷本《神器譜》書影

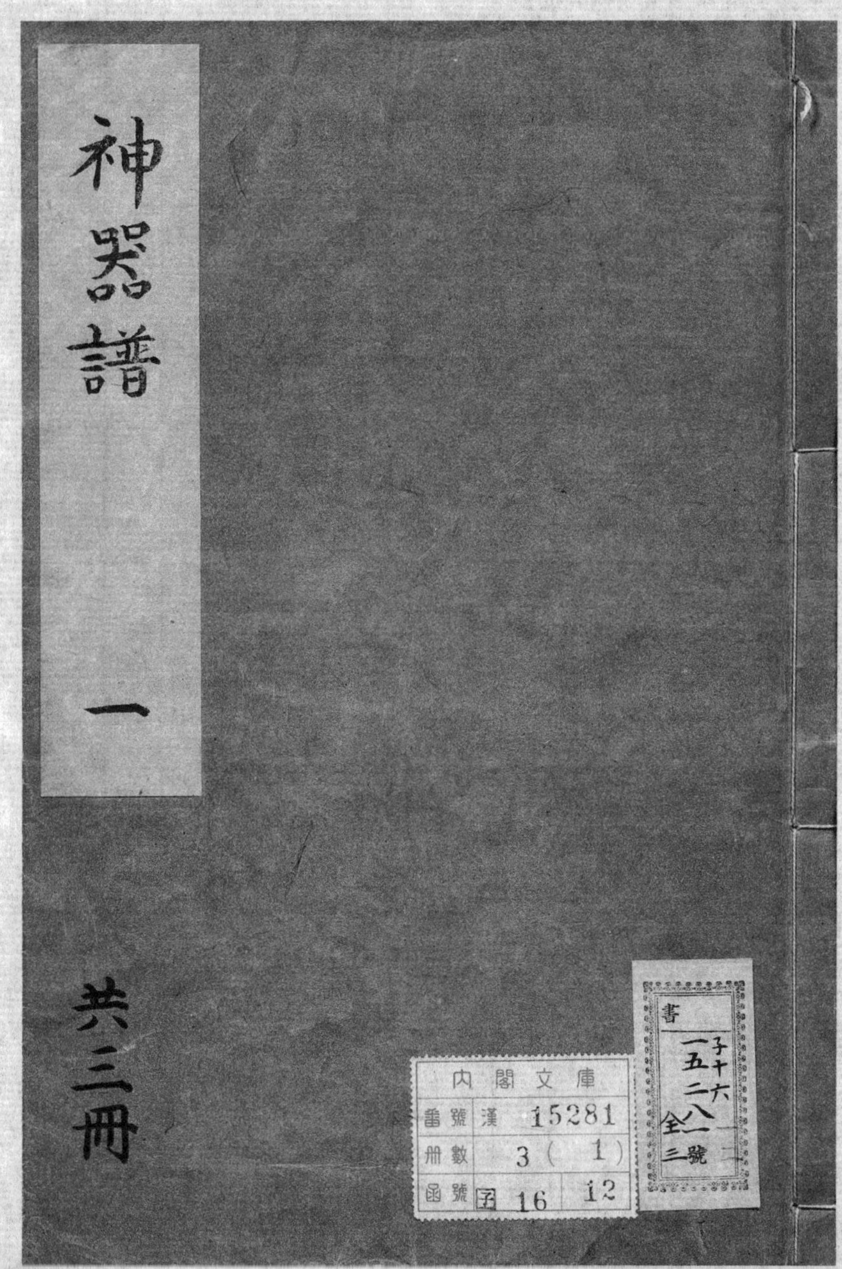

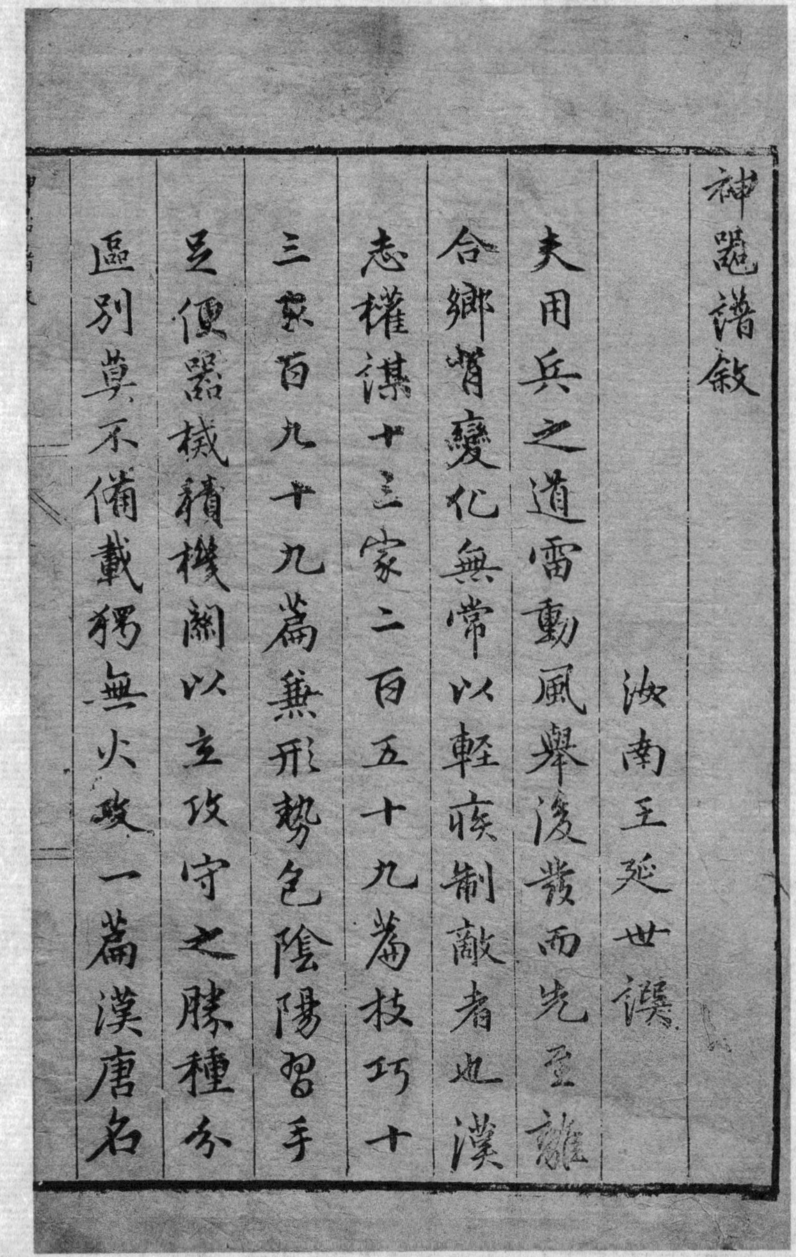
神器譜敘

汝南王延世譔

夫用兵之道雷動風舉後發而先至離合鄉背變化無常以輕疾制敵者也漢志權謀十三家二百五十九篇技巧十三家百九十九篇兼形勢包陰陽習手足便器械積機關以立攻守之勝種分區別莫不備載獨無火攻一篇漢唐名

图版：日本内阁文库藏[illegible]本《营造法式》书影

营造法式　内阁本书影　一

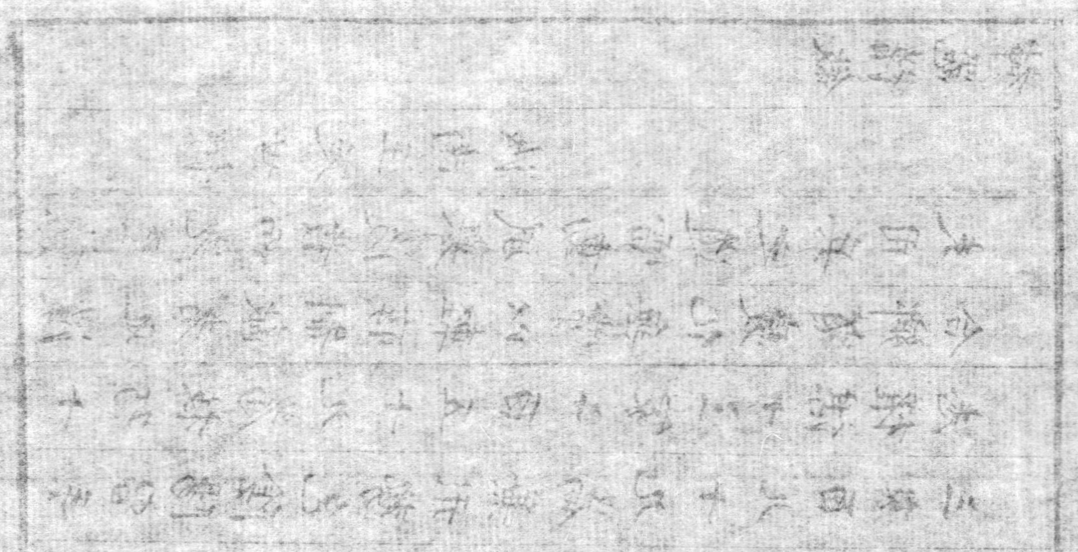

内閣本書影

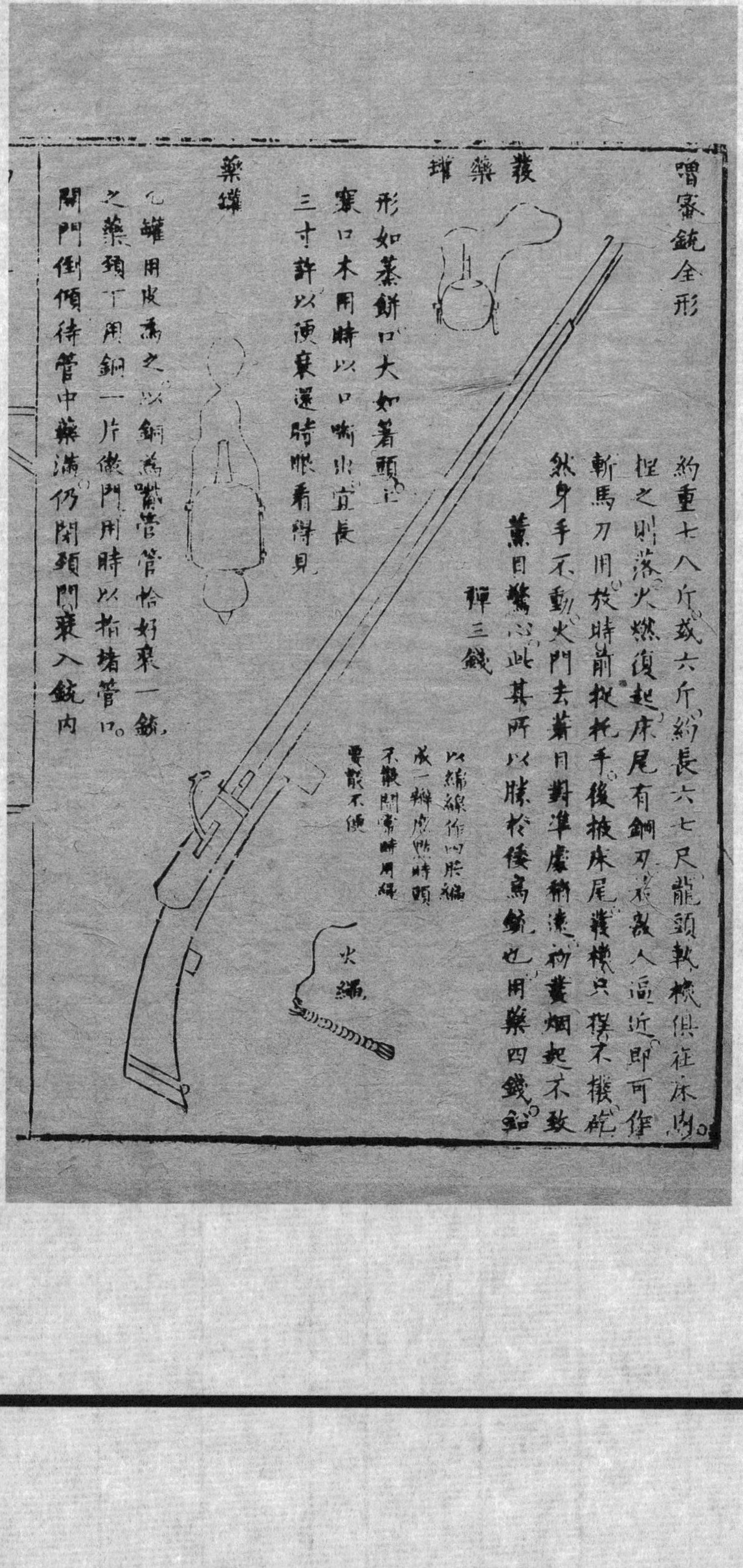

嚕密銃全形

約重七八斤或六斤約長六七尺龍頭軌機俱在床內捏之則落火燃復起床尾有鋼刃若敵人逼近即可作斬馬刀用於時前把托手後拔床尾鐵標只猝不擺窕然身手不動火門去蔽目對準處銷流初實烟起不致薰目驚心此其所以勝於倭鳥銃也用藥四錢鉛彈三錢

以綿線作四股編成一繩應燃時頭不驚門常時用錫盖蔽不使

火繩

發藥罐

形如茶餅口大如箸頭上塞口木用時以口啣出宜長三寸許以便裹邊時眼看得見

藥罐

乙罐用皮為之以銅為嘴管恰好裝一銃之藥頭下用銅一片做門用時以指揭管口開門倒傾待管中藥滿仍閉頭門裝入銃內

神器譜卷五終

神器銘

[illegible]

皇王

圖書在版編目（CIP）數據

神器譜：一函三册 /（明）趙士楨撰 . -- 北京：國家圖書館出版社，2024.10.--ISBN 978-7-5013-8166-1

Ⅰ．K875.84

中國國家版本館 CIP 數據核字第 2024T0P621 號

國家圖書館出版社
官方微信

書　　名	神器譜（一函三册）
著　　者	（明）趙士楨撰
項目策劃	《温州大典》編輯部
特約指導	侯樂川
責任編輯	黄　鑫
出版發行	國家圖書館出版社（北京市西城區文津街 7 號　100034） （原書目文獻出版社　北京圖書館出版社） 010-66114536　63802249　nlcpress@nlc.cn（郵購）
網　　址	http://www.nlcpress.com
製　　版	江蘇省常州市彩之源數碼圖像有限公司
印　　裝	江蘇省常州市金壇古籍印刷廠有限公司
版次印次	2024 年 10 月第 1 版　2024 年 10 月第 1 次印刷
開　　本	1/8
印　　張	18
書　　號	ISBN 978-7-5013-8166-1
定　　價	2980.00 圓